essentials

Essentials liefern aktuelles Wissen in konzentrierter Form. Die Essenz dessen, worauf es als „State-of-the-Art" in der gegenwärtigen Fachdiskussion oder in der Praxis ankommt. Essentials informieren schnell, unkompliziert und verständlich.

- als Einführung in ein aktuelles Thema aus Ihrem Fachgebiet
- als Einstieg in ein für Sie noch unbekanntes Themenfeld
- als Einblick, um zum Thema mitreden zu können.

Die Bücher in elektronischer und gedruckter Form bringen das Expertenwissen von Springer-Fachautoren kompakt zur Darstellung. Sie sind besonders für die Nutzung als eBook auf Tablet-PCs, eBook-Readern und Smartphones geeignet.

Essentials: Wissensbausteine aus Wirtschaft und Gesellschaft, Medizin, Psychologie und Gesundheitsberufen, Technik und Naturwissenschaften. Von renommierten Autoren der Verlagsmarken Springer Gabler, Springer VS, Springer Medizin, Springer Spektrum, Springer Vieweg und Springer Psychologie.

Hans-R. Hartweg · Rolf Kaestner · Heinz
Lohmann · Marcus Proff · Michael Wessels

Verbesserung der Performance durch Open Innovation-Ansätze

Von neuartigen Verfahren zur Suche nach Differenzierungsvorteilen im Krankenhaus

Prof. Dr. rer. pol. Hans-R. Hartweg
Wiesbaden
Deutschland

Rolf Kaestner
Prof. Heinz Lohmann

Hamburg
Deutschland

Marcus Proff
Münster
Deutschland

Prof. Dr. rer. pol. Michael Wessels
Rheine
Deutschland

ISSN 2197-6708
essentials
ISBN 978-3-658-07656-6
DOI 10.1007/978-3-658-07657-3

ISSN 2197-6716 (electronic)

ISBN 978-3-658-07657-3 (eBook)

Die Deutsche Nationalbibliothek verzeichnet diese Publikation in der Deutschen Nationalbibliografie; detaillierte bibliografische Daten sind im Internet über http://dnb.d-nb.de abrufbar.

Springer Gabler
© Springer Fachmedien Wiesbaden 2015

Gedruckt auf säurefreiem und chlorfrei gebleichtem Papier

Springer Fachmedien Wiesbaden ist Teil der Fachverlagsgruppe Springer Science+Business Media
(www.springer.com)

Inhaltsverzeichnis

Innovationen 1

1.1 Innovationsbegriff und -prozess

Die Tatsache, dass sich gleich mehrere Disziplinen der Wirtschafts- und Sozialwissenschaften mit Innovationsbegriffen und -inhalten auseinandersetzen, lässt eine Vielfalt von Definitionen und Abgrenzungen dieses Begriffs erahnen. So werden einer inhaltlichen Abgrenzung folgend Unterscheidungen zwischen Produkt- und Prozessinnovationen[1] getroffen. Zudem können zwischen Push- und Pullinnovationen[2] differenziert, sowie im Verlauf eines Innovationsprozesses verschiedene Phasen voneinander abgegrenzt werden. Der Ablauf der Ideenfindung und -umsetzung lässt sich mit den Stadien der Invention (Forschung und Entwicklung), der Innovation (im engeren Sinne), der Diffusion (Marktbewährung) und der Initiation (Konkurrenz durch Nachahmung) voneinander unterschieden.[3]

Über die Begriffsbestimmungen hinaus werden verschiedene, inhaltliche Auffassungen vertreten. Eine alleinige Neuerung reiche demnach in keinem Fall aus, um von einer Innovation zu sprechen; diese haben sich auch am Markt durchzuset-

---

[1] Produktinnovationen laufen in aller Regel auf qualitativ verbesserte Leistungsbündel hinaus, während sich Prozessinnovationen eher auf eine neuartige Kombination der zu verwendenden Produktionsfaktoren beziehen. Vgl. Mann (2009), S. 97 ff.

[2] Pushinnovationen befassen sich mit der Verwirklichung kleinerer Marktchancen. Entsprechende Neuerungen sind mittelinduziert und folgen einem Technologiedruck. Hingegen werden Pullinnovationen durch einen Nachfragesog ausgelöst und kommen mit einer hohen Zweckorientierung daher. Hier sind es also eher die Kundenbedürfnisse, die Entrepreneure zu Innovationen drängen. Vgl. Wolk (2009), S. 22 ff.

[3] Vgl. Bialk (2006), S. 18 ff.

© Springer Fachmedien Wiesbaden 2015
H.-R. Hartweg et al., *Verbesserung der Performance durch Open Innovation-Ansätze*, essentials, DOI 10.1007/978-3-658-07657-3_1

zen. Demgegenüber wird die Auffassung vertreten, dass Innovationen allein dann so zu bezeichnen sind, wenn diese von den Beteiligten auch als solche angesehen werden. Andere Autoren stellen hingegen auf den Kundennutzen ab und versuchen damit, eine Beziehung zwischen "Neuem und maximierten Kundennutzen" aufzuzeigen. Eine eher betriebswirtschaftliche Annäherung definiert Innovationen als wichtige Voraussetzung für die erfolgreiche Entwicklung von Unternehmen und betont damit die Relevanz der Umsetzung neuer sozialer, organisatorischer, technischer oder aber wirtschaftlicher Errungenschaften. Damit werden grundlegende Veränderungen innerhalb der Wertschöpfungskette bzw. innerhalb der Realgüter-/ Dienstleistungsproduktion verbunden.[4]

So unterschiedlich die Definitionen ausfallen, so variant können die Innovationsprozesse als solche und so verschieden können auch die Zielsetzungen der Innovationen sein. Dabei können wirtschaftliche und soziale Ziele voneinander abgegrenzt werden. Zu den sozialen Zielen zählen u. a. die Mitarbeiterzufriedenheit, die Arbeits-(platz)-gestaltung/-organisation sowie der Umweltschutz oder aber für das Gesundheitswesen typisch: die Versorgungsziele. Den wirtschaftlichen Zielen sind Umsätze/Erlöse bzw. Aufwände/Kosten, die Produktionsergebnisse (Qualität, Kundennutzen) sowie die zeitliche Dimensionen (Produktionsdauer, Termintreue) zuzurechnen, wobei zwischen diesen Zielen Interdependenzen (aber auch Konflikte) bestehen können.[5]

Nachdem bis zum Ende des vergangenen Jahrhunderts fast ausschließlich ‚geschlossene' Innovationsprozesse in den Branchen zu beobachten waren, sprich einer unternehmens-/organisationsinternen Generierung+ neuer Ideen breiten Raum gegeben wurde, kommen seit der Jahrtausendwende auch zunehmend mehr als ‚offen' zu bezeichnende Abläufe zur Erlangung neuen Wissens zum Einsatz.[6] In diesem Umfeld hat sich eine Forschung rund um die so genannten Open Innovation-Ansätze etabliert, die in der Zwischenzeit zu einem festen Bestandteil des Wissens- und Innovationsmanagement geworden sind.[7]

1.2   Offene Innovationsprozesse (open innovation)

Im Rahmen einer zeitgemäßen Wissensgenerierung wird bewusst eine ‚Ideenjagd' auch außerhalb der gegenwärtigen Geschäftsbereiche einer Organisation ausgerufen, um über eigene Ideen hinaus auch die aus der jeweiligen Peripherie erfassen

---

[4] Vgl. Bialk (2006), S. 18 ff.

[5] Vgl. Bialk (2006), S. 16 ff.

[6] Vgl. Blohm (2013), S. 11 ff.

[7] Vgl. Braun (2012), S. 4.

zu können.[8] Der Innovationsforscher Chesbrough gilt als Urheber dieses ‚geöffneten Ansatzes' und definiert ‚Open Innovation' wie folgt:

> Open Innovation is a paradigm that assumes that firms can and should use external ideas as well as internal ideas, and internal and external pathways to market, as the firms look to advance their technology. Open Innovation combines internal and external ideas into architectures and systems whose requirements are defined by a business model.[9]

Offene Ansätze sollen dabei die traditionell ‚geschlossene Ideengenerierung' sinnvoll ergänzen[10] und zielen auf Potenziale, die sich bspw. aus kürzeren Zyklen zur Generierung der Ideen, aus Kostenreduktionen der Forschungs- und Entwicklungsbemühungen, aus einer Erhöhung der unternehmensinternen Innovationskraft, aus einer Erschließung neuer Märkte oder aber auch aus einer Reduktion der mit den Innovationen verbundenen Unsicherheiten ergeben.[11] Treiber der Entwicklung waren insbesondere größere Unternehmen, die in einer globalisierten Umwelt eine zunehmend größere Arbeitsteilung organisieren mussten.[12] Als wertvolle Partner für derartige Entwicklungen wurden externe Anspruchsgruppen (in erster Linie die Kunden[13]) identifiziert.

Open Innovation-Ansätze setzen also gezielt auf die Integration externer Wissensträger in den Innovationsprozess und greifen dabei über die Kunden[14] hinaus auch auf weitere zur Verfügung stehende Quellen wie bspw. Lieferanten[15], Universitäten/Forschungseinrichtungen[16] oder Wettbewerber zurück, da auch diese dem Unternehmen wertvolle Anregungen liefern können.[17] Darüber hinaus ist anzumer-

---

[8] Vgl. Walcher (2009), S. 141 ff.

[9] Chesbrough (2003).

[10] Vgl. Reichwald und Piller (2009), S. 2 ff.

[11] Vgl. Reichwald und Piller (2009), S. 171 ff.

[12] Vgl. Blohm (2013), S. 11 ff.

[13] Dabei wurde beispielsweise in der Softwareindustrie erkannt, dass sich Verbraucher gerade über Internetfunktionalitäten rasch zusammenschließen, wenn Sie bei der Suche nach Lösungen ihrer Probleme Unterstützung benötigen. So bündelten Endverbraucher ihre Einzelstimmen und bestimmten damit in frühen Innovationsphasen zukünftige Anwenderentwicklungen. Auf diese Kunden gingen die Unternehmen bewusst zu, um diese in späten Phasen des Innovationsprozesses für eine Produkttestung der marktfähigen Prototypen anzusprechen. Vgl. Blohm (2013), S. 17 f.

[14] Vgl. Walcher (2009), S. 141 ff.

[15] Vgl. Rink (2009).

[16] Vgl. Koschatzky (2013), S. 32 ff.

[17] Vgl. Chesbrough (2003).

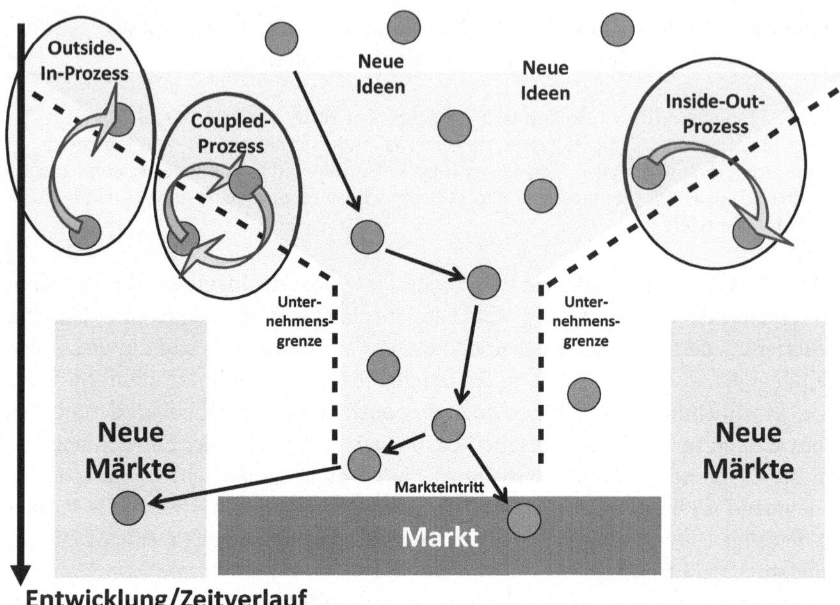

Abb. 1.1 Open Innovation-Ansatz und die dazugehörigen Kernansätze. (Quelle: eigene Darstellung in Anlehnung an Reichwald und Piller (2009), S. 134, 148, sowie Schultz et al. (2011), S. 150)

ken, dass solche Innovationsprozesse keineswegs auf einzelne Akteure sondern auch auf Akteursgruppen zulaufen können. In diesem Zusammenhang sind insbesondere die Aktivitäten rund um das so genannte ‚Crowdsourcing' zu nennen, die den Aspekt einer kollektiven Wissensgenerierung (crowd innovation) aufgreifen.[18] Open Innovation-Prozesse können wie in Abb. 1.1 grafisch dargestellt und eingeordnet werden.

Die gestrichelten Linien der Grafik sind als durchlässige Unternehmensgrenzen zu verstehen. Generell können Ideen intern ersonnen werden oder aber außerhalb der Organisation entstehen. Die umfassende Einbindung der (externen) Innovatoren in das Unternehmen ist dabei wichtiger als die genaue Herkunft der Ideen. Zu erkennen ist, dass durch die Integration dieser Innovationen nicht mehr ausschließlich ‚klassisch geschlossene' Entwicklungs-(zusammen-)arbeiten sondern

---

[18] Zu den Möglichkeiten kollektiver Ideen- und Wissensgenerierungen (crowd innovation) vgl. auch begleitend Schedler und Collm (2011) und zudem Kozinets et al. (2008).

nun auch offene, informelle Netzwerk- und Koordinationsverfahren durchlaufen
werden, um derart neue Leistungsbündel zur Marktreife zu führen.[19] Mit Blick auf
Prozesse einer kollektiven Wissensgenerierung (crowd innovation) ist hier auch
die Aneignung gemeinschaftlich gehobener Innovationen zu nennen, worunter die
Internalisierung externer Wissensprozesse zu subsummieren ist. Dabei kann ‚Kun-
denwissen' sehr unterschiedlich verstanden werden. Bei dem ‚Wissen für den Kunden' geht es um Informationen, die von einem Unternehmen bzw. einer Organisation dem Kunden zur Verfügung gestellt werden. Das ‚Wissen über den Kunden'
setzt sich mit den kundenseitigen Präferenzen auseinander. Dem Unternehmen
bzw. der Organisation werden dabei die kundenseitigen Bedürfnisse und Wünsche
transparent. Hingegen drückt der Begriff ‚Wissen des Kunden' eine Fähigkeit aus,
Produkte und Dienstleistungen unter Rückgriff auf das Wissen des Kunden über
die Unternehmensleistungen abrufen zu können.[20] Letztere Ausprägung ist für die
Organisation besonders interessant.

In wettbewerbsintensiven Branchen gehört es deswegen seit Jahren zum Selbst-
verständnis, externe Anspruchsgruppen (z. B. Kunden) aktiv am Wertschöpfungsprozess teilhaben zu lassen und auf das ‚Wissen der Verbraucher' stärker als bisher
zurückzugreifen. Mit dieser Aktivierung gelingt es, erlösrelevante Anspruchsgruppen gezielt in ausgesuchte Geschäftsprozesse einzubeziehen, was wiederum zu
einer Beflügelung der kundenseitigen Ansprüche führt. Ansprüche können dabei
von einer ggf. noch überschaubaren Variantenvielfalt bis hin zu einer individuell
angepassten Auftragsfertigung reichen[21] Mit den Maßnahmen der Kundenintegration versuchen Unternehmen, sich in zunehmend wettbewerblicher gestaltenden
Märkten zu positionieren und derart Wettbewerbsvorteile zum eigenen Vorteil zu
generieren.[22]

1.3   Methoden offener Innovationsprozesse

Zur Generierung solcher Ideen gehören Inside-out-, Outside-in- und Coupled-Pro-
zesse (vgl. Abb. 1.1). Ein Inside-out-Prozess beruht auf einer Öffnung der Organi-
sationsgrenzen, die dazu beiträgt, dass Ideen nach Außen fließen.[23] Ähnlich kann
externes Wissen in die Organisation gelangen und bei einem Outside-in-Prozess

---

[19] Vgl. Ritter (1998), S. 29 ff.

[20] Vgl. Blohm (2013), S. 18 f.

[21] Vgl. Reichwald und Piller (2009), S. 291.

[22] Vgl. Reichwald und Piller (2009), S. 291 ff.

[23] Vgl. Granig und Perusch (2012), S. 70 f.

mit Hilfe von externen Anspruchsgruppen neue Leistungsbündel ersonnen werden. Beim Coupled-Prozess findet eine Verknüpfung der beiden vorgenannten Prozessarten statt.[24]

Open Innovation-Ansätze stellen dabei auch auf einen verbesserten Zugang zu Bedürfnis- und Lösungsinformationen ab.[25] Bedürfnisinformationen (need information) fokussieren auf Kundenbedürfnisse und -präferenzen, anhand derer erkannt werden soll, in wie weit die neu entwickelten Produkte diese Ausprägungen erfüllen. Bei Lösungsinformationen (solution information) hingegen handelt es sich um Wissen, wie die Präferenz/das Bedürfnis durch eine konkrete Leistungsdetaillierung bedient werden kann. Zur Lösungssuche können Organisationen hierbei vorhandene Ressourcen einbringen.[26] Ist ein Unternehmen in der Lage, externes Wissen aufzunehmen und eigene Technologie/eigenes Wissen zu integrieren, so können die Organisation einerseits und die Partner andererseits von diesem Transfer profitieren.[27]

Es sind unterschiedliche Möglichkeiten bekannt, diese offenen Innovationsprozesse mit den innewohnenden Bedürfnis- und Lösungsinformationen anzustoßen: Eine der bekanntesten Methoden ist der Ideenwettbewerb[28], bei dem es darum geht, in einem privaten oder aber öffentlichen Raum spezielle oder aber weite Teile einer Anspruchsgruppe (ggf. auch die Mitarbeiter[29]) aufzufordern, themenbezogene Beiträge in einem bestimmten Zeitabschnitt zu leisten. In der Praxis sind solche Wettbewerbe vom Betrieblichen Vorschlagswesen durchaus geläufig. Diese Ideen werden dann einer Jury zur Bewertung zugeführt.[30] Dabei gilt die Maxime, sich mit dem Aufruf an einen möglichst breiten Adressatenkreis zu wenden und keinerlei Beschränkungen vorzunehmen. Auf einer Interaktionsplattform können so genannte ‚tool kits' erprobt werden. Diese sind häufig internetbasiert und funktionieren nach dem "Trial and Error-Prinzip".[31] Auf den Plattformen treten die Nutzer nicht direkt mit dem Hersteller in Kontakt, sondern sie werden in eine Entwicklungsumgebung eingeladen, um dort die eigenen Bedürfnisse in konkrete Lösungen aufgehen zu lassen.[32] Last but not least sind Workshops mit (Haupt-)

---

[24] Vgl. Granig und Perusch (2012) S. 71 f.

[25] Vgl. Reichwald und Piller (2009).

[26] Vgl. Howaldt et al. (2004), S. 46 ff.

[27] Vgl. Howaldt et al. (2004), S. 117 ff.

[28] Vgl. Blohm (2013), S. 25 ff.

[29] Vgl. Schultz et al. (2011), S. 151.

[30] Vgl. Walcher (2007), S. 38.

[31] Vgl. Blohm (2013), S. 24 ff.

[32] Vgl. Reichwald und Piller (2009), S. 189 ff.

Anspruchsgruppen (so genannte ‚lead user') zu nennen. Solche Anspruchsträger stehen häufig als Anwender hinter innovativen Produkt- und Dienstleistungsdifferenzierungen. Sie kennen überholte Leistungsbündel genau, da sie diese häufig nutzen und artikulieren ihre Bedürfnisse an eine Anpassung dieser Bündel. Damit setzen diese Anspruchsgruppen Trends und versuchen, ständig neue Nutzenpotenziale ausfindig zu machen. In Workshops erarbeiten die Teilnehmer dann mit Mitarbeitern neue Lösungen aufgetretener Probleme.[33]

---

[33] Vgl. Blohm (2013), S. 22 ff.

Innovationsgeschehen im deutschen Gesundheitswesen

Die hier dargestellten Ausprägungen der Innovationsbemühungen folgen grundsätzlich keinem erkennbaren, branchenspezifischen Fokus. Die Innovationsforschung hat branchenübergreifenden Charakter und ist damit auch gut auf das bundesdeutsche Gesundheitswesen zu übertragen. Die in dieser Branche zu beobachtenden Innovationen waren in der Vergangenheit nicht selten auf medizinische, vorher nicht-bekannte oder schlichtweg nicht-realisierbare Eingriffe, Untersuchungen und Therapiemethoden ausgerichtet. Viele der Methoden wurden erst durch ein breiteres medizinisches Wissen bzw. durch im Zeitverlauf realisierbare Technik durchführbar. Neben den Versorgungszielen konnten damit häufig auch Verbesserungen in puncto eines gesunkenen Behandlungsrisikos erzielt werden.[1]

2.1 Gesundheitsmarkt im Lichte des medizin-technischen Fortschritts

Aufgrund des medizin-technischen Fortschritts stehen heutzutage deutlich mehr Möglichkeiten zur Verfügung, Krankheiten zu behandeln und damit Versorgungsziele zu erreichen, als dies in der Vergangenheit der Fall war.[2] Dennoch ist das Echo

---

[1] Vgl. Amshoff (2010), S. 50.

[2] Den nationalen Gesundheitssystemen kam eine deutliche Verbesserung der allgemeinen Lebensumstände zugute. Mit einer zeitgemäßen Unterbringung weiter Teile der Bevölkerung und den damit einhergehenden zugänglichen Ver- und Entsorgungsleistungen konnten deutliche Hygieneverbesserungen erzielt werden. Vgl. Fogel (2004), S. 51 ff.

© Springer Fachmedien Wiesbaden 2015
H.-R. Hartweg et al., *Verbesserung der Performance durch Open Innovation-Ansätze*, essentials, DOI 10.1007/978-3-658-07657-3_2

auf den medizin-technischen Fortschritt kein einheitliches. Während einerseits der Beitrag des medizinisch-technischen Fortschritts gewürdigt wird, mit dessen Hilfe es gelingt, dem sich abzeichnenden, demografischen Wandel entgegenzutreten[3], wird andererseits darauf verwiesen, dass zahlreiche Innovationen bislang nur in einem sehr geringen Maße dazu beigetragen haben, Erleichterungen bspw. bei der Arbeit mit dem oder an dem Patienten herbeizuführen. Als Grund dafür wird genannt, dass die Wirkungen dieses Fortschritts eher nachfragetreibend waren, was nicht zuletzt durch eine für Gesundheits(dienst-)leistungen zu unterstellende, hohe Einkommenselastizität begünstigt wird.[4]

Dies führt dazu, dass das Urteil über den bislang insgesamt im Gesundheitssystem zu konstatierenden Fortschritt teilweise ambivalent ausfällt. Für die Branche wurden entsprechende Neuerungen mit eigenen Begriffen belegt: Add-On- bzw. Halfway-Technologien oder aber Scheininnovationen.[5] Diese Ausprägungen stehen im Verdacht, den Anstieg der Gesundheitsausgaben mit zu verursachen.[6] Die grundsätzlich zu begrüßenden, innovativen Verfahren bergen damit Potenziale, eingeführte Therapie- oder aber Diagnosemethoden in Abhängigkeit von der zu behandelnden Klientel ggf. in eine beitragssatz- und damit systemrelevante Dimension zu führen. Bis zum Ende der 1980er Jahre wurden deswegen eher technische Gründe beschrieben, die dazu führten, dass der Fortschritt nicht einer breiten Patientenpopulation zu Gute kam. Erst ab den frühen 1990er Jahren waren es dann

---

[3] Vgl. Oberender und Zerth (2008), S. 11.

[4] Vgl. Oberender und Zerth (2008), S. 17.

[5] Unter einer Add-On-Technologie werden Diagnose- und Therapieverfahren subsummiert, die das Leistungsspektrum erweitern. Eine Halfway-Technologie ist ein Verfahren, das zu einer Verlängerung des Zeitraums zwischen Diagnose- und Todeszeitpunkt führt. Neuerungen, denen nur ein geringeres oder aber kaum nachweisbares Innovationspotenzial zu bescheinigen ist und denen somit keine medizinische Evidenz bzw. kein besonderer Nutzen gegenüber steht, werden darüber hinaus auch als Scheininnovationen bezeichnet. Vgl. Amshoff (2010), S. 52 f. sowie S. 59. Die Diskussion um Scheininnovationen hat maßgeblich den Reformprozess auf dem Arzneimittelmarkt geprägt. Im Zuge des Arzneimittelmarktneuordnungsgesetzes (AMNOG), wurden vor diesem Hintergrund Regelungen ins Sozialgesetzbuch aufgenommen, wonach neue Arzneimittel über eine Zusatznutzen verfügen müssen, um als „echte Innovation" zu gelten. Zur aktuellen Umsetzungsstand der Bewertung des Zusatznutzens vgl. exemplarisch Sattelmeier et al. (2013), S. 213–220, Witte und Greiner, (2013), S. 226–234 und Moeser und Ecker (2013), S. 235–243; den kritischen Einfluss einer reinen Kostendämpfungspolitik auf Innovationen beschreibt Cassel (2011), S. 15–24.

[6] Vgl. Amshoff (2010), S. 52 ff.

auch ökonomische Gründe, die mittels der sektoralen Budgetrestriktionen zu einer impliziten Rationierung[7] führten.[8]

Vom Grundsatz her können für das bundesdeutsche Gesundheitswesen zwei Möglichkeiten genannt werden, Effizienzpotenziale zu heben. Erstere geht auf Infrastruktur- und Prozessinnovationen zurück. Ein typisches Beispiel für eine Infrastrukturinnovation könnte die Telematik sein. Ebenfalls typische, medizin-technische Prozessinnovationen stellen die Möglichkeiten ambulanter Operationen dar. Die ausgabesenkenden Wirkungen beider Innovationsformen sind rasch einsichtig.[9] Die zweite Möglichkeit, Effizienzreserven zu heben, geht auf die regelmäßige Überprüfung des Leistungskatalogs der gesetzlichen Krankenversicherung zurück. Bislang erstattungsfähige Leistungen um solche Untersuchungs- und Behandlungsmethoden zu bereinigen, die nicht mehr dem Stand der aktuellen, wissenschaftlichen Erkenntnisse entsprechen, könnte einen enormen Effizienzschritt ausmachen.[10] Letztgenannter Effekt erklärt sich so, dass dem über die Jahre entstandenen Leistungskatalog im Zeitverlauf immer mehr innovative Leistungen zugeführt wurden, obwohl die berücksichtigten Leistungsbündel[11] in vielen Fäl-

---

[7] Zu den Formen der Rationierung im deutschen Gesundheitssystem vgl. Rixen (2010), S. 52 ff. Zu den Anzeichen einer impliziten Rationierung vgl. zudem Hoppe (2008), S. 197 ff.

[8] Vgl. Lauterbach und Lüngen (2008), S. 149 ff.

[9] Darüber hinaus werden folgende Möglichkeiten genannt, die Ausgaben des Gesundheitswesens nachhaltig zu senken: Beseitigung mangelhafter Versorgungsstrukturen, verbessertes Verfahren der Kosten-Nutzen-Bewertung, Optimierung der Geschäftsprozesse, Beseitigung von Kapazitätsüberhängen, Eliminierung von Über- und Fehlversorgung, Förderung der qualitativen Anstrengungen innerhalb der Leistungserbringung, verstärkter Wettbewerb der gesetzlichen und privaten Krankenversicherungen, verbesserte Zusammenarbeit von ambulanten und stationären Leistungserbringern, Etablierung von Rabattverträgen bei der Arzneimittelversorgung sowie die selektivvertragliche Öffnung des stationären Sektors. Vgl. Amshoff (2010), S. 64 ff.

[10] Vgl. Amshoff (2010), S. 65.

[11] Als positive Beispiele solcher gelungenen Innovationen sind zu nennen: innovative, bildgebende Verfahren sowie beschleunigte Diagnoseprozesse, Innovationen bei der Arzneimittelversorgung, minimal-invasive Chirurgie, künstliche Organe und Gelenke, die Versorgung mit Körperersatzstücken sowie implantierbare Organsurrogate, die erweiterten Möglichkeiten der Organtransplantation und neue Möglichkeiten im Bereich der Gentechnik. Den vielen positiven Beispielen für innovative Versorgungsmöglichkeiten stehen aber auch Misserfolge gegenüber. Hier werden u. a. die Missbildungen nach der Contergan-Katastrophe, eine mangelnde Evidenz von athroskopisch durchgeführten Operationen von verschlissenen Kniegelenken, Nebenwirkungen im Rahmen der Hormonbehandlungen von Frauen nach der Menopause, roboterbetriebene Operationen beim Hüftgelenksersatz sowie eine mangelnde Evidenz bei der Früherkennung von Prostatakrankheiten genannt. Vgl. Amshoff (2010), S. 50 ff.

len nicht mit der Hebung der benötigten Effizienzreserven einhergingen, sondern ganz im Gegenteil mit deutlich ressourcenverzehrenden Leistungsausweitungen verbunden waren.[12] Hier liegen die Gründe, weshalb viele neuartige Leistungen in das Leistungsgefüge der gesetzlichen Krankenversicherung nur noch unter Beteiligung des Gemeinsamen Bundesausschusses (GBA) aufgenommen und damit bestimmten Patienten-/Bevölkerungsgruppen erst – wenn überhaupt – mit erheblicher zeitlicher Verzögerung zugänglich gemacht werden.[13]

2.2 Exkurs: Rolle des Gemeinsamen Bundesausschusses

Nach der Neuordnung des GBA durch das Gesetz zur Modernisierung der gesetzlichen Krankenversicherung (GKV-GMG) im Jahr 2004 entstand ein sektorenübergreifendes Gremium, das mit der Kompetenz, Richtlinien zur Gestaltung des Leistungskatalogs zu erlassen, ausgestattet wurde. Mit dem im Jahre 2007 in Kraft getretenen Gesetz zur Stärkung des Wettbewerbs der gesetzlichen Krankenversicherung (GKV-WSG) wurden die GBA-Strukturen abermals angepasst und die unterschiedlichen Beschlussgremien wurden zu einem einheitlichen Gremium bestehend aus Vertretern der Deutschen Krankenhausgesellschaft (DKG), der Kassenärztlichen Bundesvereinigung (KBV), des GKV-Spitzenverbandes sowie Patientenvertreterinnen und -vertretern zusammengefasst.[14] Im System der gesetzlichen Krankenversicherung trifft der GBA die Allokationsentscheidungen mittels seiner Richtlinienkompetenz für eine ausreichende, zweckmäßige und wirtschaftliche Versorgung der Versicherten. Das Beschlussgremium hat eine hoheitliche Funktion erhalten, mit der über die Weiterentwicklung und Ausgestaltung des Leistungskatalogs bestimmt werden kann.[15] Damit stehen sämtliche Innovationen auf dem Prüfstand des GBA bzw. dem des den GBA beratenden Instituts für Qualität und Wirtschaftlichkeit im Gesundheitswesen (IQWIG). Bei dieser Bewertung

---

[12] Vgl. Burger (2010), S. 21.

[13] Vgl. Burger (2010), S. 21.

[14] Vgl. Rebscher (2008), S. 334.

[15] Zu den Aufgaben des GBA gehören u. a. Entscheidungen über den Leistungskatalog (Weiterentwicklung und Bereinigung) zu treffen, die medizinischen Leitlinien auf Basis evidenzbasierter Medizin als Grundlage für selektivvertragliche Versorgungsformen und indikationsbezogene Qualitätssicherung weiterzuentwickeln, universale Sektoren und einrichtungsübergreifender Verfahren zur Qualitätssicherung mit einem besonderem Fokus auf die Ergebnisqualität und den patientenbezogenen Behandlungserfolg zu etablieren sowie gegenüber den Versicherten Transparenz über die Versorgungsqualität des Gesundheitssystems zu gewähren. Vgl. Hess (2010), S. 130.

wird eine gesundheitsökonomische Betrachtung vorgenommen, bei der es um die Angemessenheit und Zumutbarkeit neuer Untersuchungs- und Behandlungsmethoden aus Sicht der die Kosten tragenden, gesetzlich versicherten Solidargemeinschaft geht.[16]

Diese Generalvollmacht des GBA ist in der Gesundheitsszene nicht unumstritten.[17] So wird bspw. kritisiert, dass die im Sozialrecht verwendeten Begriffe der ‚Zweckmäßigkeit‘, der ‚fachlich gebotenen Qualität‘ sowie der ‚Wirksamkeit‘ genauer definiert werden müssten. Auf Basis dieser Definition müsste sodann eine Erweiterung der bisherigen Bewertungskriterien erfolgen.[18] Da es der Entscheidung des GBA obliegt, festzulegen, ab wann eine Neuerung für das System der gesetzlichen Krankenversicherung nützlich, notwendig und wirtschaftlich ist[19], können die dem GBA angehörenden Selbstverwaltungsvertreter aus Sicht einer sozialgerichtlichen Praxis auch medizinische Innovationen für das solidarisch finanzierte Gesundheitssystem verzögern oder verhindern.[20]

2.3 Innnovationen in deutschen Krankenhäusern

2.3.1 Besonderheiten des Krankenhausmarkts

Seit der Einführung der Vergütung auf Basis der Diagnosis Related Groups (DRGs) im deutschen Krankenhausmarkt ist ein zunehmend wettbewerblicheres Agieren der Träger zu konstatieren. Auf diesen Wettbewerbsdruck reagieren die Krankenhäuser, in dem sie sich als Systemführer zu etablieren versuchen[21], um derart Alleinstellungsmerkmale im Markt zu erreichen. Dies führt dazu, dass sich Krankenhäuser einerseits untereinander anderseits aber auch gegenüber vor- und/ oder nachgelagerten Versorgungsstufen[22] im Wettbewerb behaupten müssen. Ein

---

[16] Vgl. Stuppard (2010), S. 113.

[17] Für eine umfassende Darstellung des gesundheitsökonomischen Diskurses zum Effizienzgrenzenkonzept vgl. Foos et al. (2010), S. 85–102 sowie ergänzend Deutscher Ethikrat (2011), S. 25–29 und 57. Eine kritische Wertung findet sich ebenfalls bei Schulenburg (2013), S. 210–212.

[18] Vgl. Fischer (2010), S. 115 ff.

[19] Vgl. Fischer (2010), S. 100.

[20] Vgl. Schimmelpfeng-Schütte (2010), S. 71 ff.

[21] Vgl. Lohmann und Rippmann, (2010) S. 1 ff.

[22] Zu den unterschiedlichen Gestaltungsmöglichkeiten gehören auch eine moderne, ärztliche Praxis bzw. ein zeitgemäßes Krankenhausmanagement unter Rückgriff auf Portalkliniken vgl. auch Ehlers et al. (2008), S. 213 ff.

solcher Wettbewerb wird in Regionen mit hohen Krankenhausdichten, wie sie bspw. in städtischen Regionen anzutreffen sind, qualitative Aspekte stärker betonen.[23] Über die Qualität hinaus sind in städtischen und ländlichen Regionen bedingt durch den starken Wettbewerb ökonomische Herausforderungen entstanden, denen die Krankenhäuser mit veränderten Leistungs- und Organisationsprozessen entgegenzutreten versuchen.[24]

Solche Differenzierungen gehören nicht gerade zu den leichtesten aller zu bewältigenden Organisationsaufgaben eines Krankenhauses und belasten damit nicht selten die zur Verfügung stehenden Ressourcen, für deren Ge-/Verbrauch es keine Gewähr auf einen Rückfluss durch die gesetzlichen und privaten Krankenversicherungsträger gibt. Während Prozessinnovationen in deutschen Krankenhäusern nicht selten eher unsystematisch, zufällig und ohne weitere Honorierung zu Tage treten, werden Produktinnovationen systemimmanent mit zusätzlichen Vergütungen belohnt.[25]

‚Regelhaft' kann dies im akutstationären Bereich auch ohne finale GBA-Entscheidung mit Entgelten für „Neue Untersuchungs- und Behandlungsmethoden" (NUB-Entgelten) und/oder durch zusätzliche Vergütungen (bspw. durch Selektivverträge) abgebildet werden. Doch auch solche Honorare aus dem sektoralen Vergütungssystem herauszulösen, ist nicht leicht und obliegt einem zum Teil langwierigen Verhandlungsprozess.

Das deutsche Gesundheitssystem scheint damit nach Meinung einiger Gesundheitsexperten vorrangig nicht auf die rasche Implementierung von neuen Untersuchungs- und Behandlungsmethoden, Produkten und Prozessen ausgerichtet zu sein.[26] Vor diesem Hintergrund müssen sich Krankenhausträger nach neuen Möglichkeiten umschauen, Innovationen, die mit den genannten Bedingungen passungsfähig sind, hervorzubringen. Dabei scheinen Innovationen, die nicht den Weg durch die Beratungsinstanzen der gemeinsamen Selbstverwaltung (GBA/IQWIG) nehmen müssen, besonders interessant. Grundsätzlich werden drei unterschiedliche Arten genannt, nach denen Wettbewerbsvorsprünge durch Innovationen in einem Krankenhaus gelingen können, wie Abb. 2.1 zeigt.

---

[23] Zudem müssen Krankenhäuser auf eine ständige Anpassung der vorhandenen Infrastruktur achten. Dieser Anpassungsdruck trifft dabei häufig auf eine Unterdeckung der aus Mitteln der Bundesländer zu bestreitenden Investitionsmittel. Ziehe beschreibt die Finanzierung der Investitionen von rd. 700 deutschen Krankenhäusern als nicht gesichert. Vgl. Ziehe (2009), S. 42 ff.

[24] Vgl. Oberender und Zerth (2008), S. 22.

[25] Vgl. Burger (2010), S. 21.

[26] Vgl. Stuppard (2010), S. 106.

Wettbewerbsvorsprünge durch Innovationen		
Patienten/ Kunden	**Innovative Technologien**	**Innovative Geschäftsmodelle**

• Auswahl durch Patienten bzw. durch einweisenden Arzt
• Image/Ruf des Krankenhauses kann entscheidend sein
• Qualität der Behandlung als leistungsauslösendes Moment
• erweiterte Leistungsbündel (Servicepaket, Warte-/Öffnungszeiten, usw.)
	• neue, diagnostische, therapeutische oder aber pflegerische Methoden
	• neue Medikamente
	• ggf. einhergehend mit einem gleichzeitigen, geringerem Ressourceneinsatz
		• Geschäftsmodelle zur Erhöhung der Effizienz unter Integration gesundheitsrelevanter Aspekte
		  ✓ Verbesserung der Pflege
		  ✓ Erhöhung der Patienten-zufriedenheit
		  ✓ Verkürzung der Wartezeiten
		  ✓ Minimierung des Zeitaufwandes

Abb. 2.1 Arten von Wettbewerbsvorsprüngen im Krankenhaus durch Innovationen. (Quelle: eigene Darstellung in Anlehnung an Granig und Perusch (2012), S. 106)

2.3.2 Innovationsansätze im Krankenhaus

Für die medizin-technische Industrie leisten Ärzte sowie Gesundheits- und Krankenpfleger aber auch Patienten bzw. deren Angehörige bereits durch die Verwendung offener Innovationsprozesse einen Beitrag zur Weiterentwicklung der Medizintechnik.[27] Diese Rückmeldungen wurden genutzt, um Produkte anzupassen bzw. bedarfsgerecht zu verändern.[28] Diese ersten Entwicklungsschritte sind als Vorboten für die Branche zu verstehen und lassen es mehr als nur erforderlich erscheinen, mit Ideen, die außerhalb der gewohnten Innovationsschleifen entstehen, anders umzugehen, als dies im Gesundheitswesen bislang der Fall war. Dabei ist

---

[27] Vgl. Kreyher (2001), S. 21. Neben medizin-technischen Innovationen liegen erhebliche Veränderungspotentiale insbesondere in der Aufbau- und Ablauforganisation von Krankenhäusern. Eine umfangreiche Darstellung und empirische Analyse von Veränderungspotentialen formeller und informeller Organisationsstrukturen findet sich bei Crojethovic et al. (2014).

[28] Siehe dazu auch die Ausführungen zur Patientenorientierung, vgl. Kreyher (2011), S. 31 ff.

auch zu beachten, dass ein allen Berufsgruppen gerecht werdendes Betriebliches Vorschlagwesen in der Krankenhauslandschaft bislang häufig nicht zu den bevorzugten Instrumenten der Ideengenerierung gehört.

Nach der Medizintechnik sollte es nun also auch in der akutstationären Versorgung möglich sein, Innovationsansätze zu öffnen, um derart einen Beitrag zur Wiedererlangung der Gesundheit, der Verlängerung des Lebens bzw. der Verbesserung der Lebensqualität zu leisten, zumal das Krankenhaus im Mittelpunkt der Versorgungskaskade und damit im Fokus einer größeren Anzahl von Behandlungsansätzen steht.[29]

Mit einer verbesserten Integration der Anspruchsgruppen könnte die Krankenhausbranche ihre Leistungsbündel bedürfnisgerechter ausrichten. War die Rolle der Patienten in der Vergangenheit eher eine passive, so können diese nunmehr aktiviert werden. Ein nicht kleiner Teil der Patientinnen und Patienten würde es sicherlich schätzen, wenn sie (überhaupt) in die medizinischen, therapeutischen oder aber pflegerischen Prozesse – auch im Sinne einer verbesserten Adhärenz – eingebunden würden. Dies kann mit einer veränderten Wertschöpfung in puncto der medizinisch-pflegerischen Optionen einhergehen. Einige Gesundheitsökonomen betonen an der Stelle nicht nur den Faktor der Wettbewerbsfähigkeit sondern zudem auch den der Existenzsicherung für die Krankenhäuser.[30]

---

[29] Vgl. Strehlau und Fiebig (2010), S. 48 ff.
[30] Vgl. Granig und Perusch (2012), S. 153.

Würdigung des Ansatzes für die akutstationäre Versorgung

Ähnlich wie bei Unternehmen der Realgüterwirtschaft ist es für solche der Dienstleistungsbranche, also auch für Krankenhäuser, nicht von der Hand zu weisen, dass offene Innovationsprozesse Mehrwerte beinhalten können. Bei aller Euphorie, die sich obschon der Chancen der Übertragbarkeit eines derartigen Ansatzes auf bundesdeutsche Krankenhäuser einstellen könnte, ist jedoch auch ein gewisses Maß an Kritik walten zu lassen. Nachfolgend soll der Blick auf zu beteiligende Anspruchsgruppen gerichtet werden, bevor dann anschließend die Möglichkeiten einer Umsetzung der Open Innovation-Ansätze ausgeleuchtet werden soll.

3.1 Relevante Anspruchsgruppen der Krankenhausversorgung

Wertvolle Potenziale für die Wertschöpfungskette bei der Erstellung von Dienstleistungen birgt die direkte Einbeziehung des externen Faktors auch vor dem Hintergrund des uno actu-Prinzips.[1] Wenn bei der Lösung aufkeimender Problemstellungen die maßgeblichen Anspruchsgruppen eines Krankenhauses mit einbezogen werden, so erhalten die Patienten sowie weitere Anspruchsträger nachhaltig wirkende Mitgestaltungsimpulse, die zu wertvollen Resultaten aufseiten der Prozess- und Ergebnisinnovation führen.

---

[1] Vgl. Meffert und Bruhn (2012) S. 33 ff.

© Springer Fachmedien Wiesbaden 2015
H.-R. Hartweg et al., *Verbesserung der Performance durch Open Innovation-Ansätze*, essentials, DOI 10.1007/978-3-658-07657-3_3

3.1.1 Patientinnen/Patienten und deren Angehörige

Krankenhauspatientinnen und -patienten sind in aller Regel nicht den regelmäßig wiederkehrenden ‚Kundenströmen' zuzurechnen, sondern besuchen gerade unter den Bedingungen einer fallpauschalierten Vergütung nur für kurze Zeiträume das behandelnde Krankenhaus.[2] Hier stellt sich also die Frage, ob das Gros der versorgten Patienten bei einmaligem und/oder kurzem Krankenhausaufenthalt ein umfassendes Bild über die Leistungsbündel eines Krankenhauses während des akutstationären Aufenthalts mitnehmen kann.

Anders stellt es sich hingegen dar, wenn erkrankte Patientinnen/Patienten zu versorgen sind, die die Krankenhausbehandlungen in häufigeren Frequenzen und mit längeren Verweildauern erfahren. Solch chronisch erkrankte Patienten aber ggf. auch deren Angehörige können sich aufgrund ihrer wiederkehrenden Behandlungen ein detaillierteres Bild von den Krankenhausleistungen machen und damit dem Träger eine bessere Rückmeldung zu möglichen Innovationspotenzialen geben. Eine solche Rückmeldung wird sicherlich auch von einer nicht zu unterschätzenden Methodenkompetenz hinsichtlich der erfahrenen Erkrankung geprägt sein. Dabei ist jedoch auch zu beachten, dass sich bedingt durch veränderte Gesundheitszustände gewisse „Färbungen in solchen Meinungsbildern" herauskristallisieren können.[3] Einer solchen Färbung kann ggf. unter Rückgriff auf die (weniger direkt krankheitsbelasteten) Angehörigen entgegen getreten werden. Zudem könnte man einer solchen Problematik Herr werden, wenn eine größere Anzahl von Patientinnen und Patienten einbezogen und wenn die erhaltenen Rückmeldungen gewichtet werden.

Die Einbeziehung von Patienteninteressen und -präferenzen befindet sich in Deutschland derzeit noch in einem vergleichsweise frühen Stadium. Während Patientenpräferenzen in der Industrie seit einigen Jahren selbstverständlich bei Entscheidungen über das Produktsortiment einbezogen werden[4], ist dieser Ansatz in der Gesundheitswissenschaft erst seit kurzem geläufig.[5] Vermeintlich kommt

---

[2] Vgl. Goepfert und Conrad (2013) S. 22 ff.

[3] Vgl. Siegrist (2005) S. 33 ff.

[4] Vgl. Mühlbacher et al. (2008), S. 53 f. Die Autoren diskutieren den Wert von Innovationen vor dem Hintergrund des steigenden Drucks, mit verfügbaren Ressourcen wirtschaftlich umzugehen. Demnach stelle sich insbesondere im Zusammenhang mit der Zulassung neuer Produkte und Verfahren die Frage nach dem Gegenwert für die aufgewendeten Ressourcen, vgl. Mühlbacher et al. (2008), S. 53 ff.

[5] Eine umfassende Übersicht zum aktuellen Stand der Präferenzmessung im Gesundheitswesen, insbesondere mit der Fokussierung auf Discrete Choice Experimente, findet sich bei Mühlbacher et al. (2013), S. 159–172. Sie kommen zu dem Ergebnis: „Mithilfe von

solche Forschung aufgrund der notwendigen wissenschaftlichen und damit auch finanziell belastenden Ressourcen in der Gesundheitswirtschaft noch nicht flächendeckend zur Anwendung.

3.1.2   Zuweisende Ärztinnen/Ärzte

Über die Patienten hinaus sind es sicherlich die zuweisenden Ärztinnen und Ärzte, die Krankenhäusern über organisationsinterne Ideengenerierungen hinaus wertvolle Rückmeldungen zu möglichen Innovationspotenzialen geben können. Dabei können sich solche Rückmeldungen sicherlich über die medizinisch-pflegerischen Aspekte hinaus auch auf die administrativen Prozesse rund um den vor- oder aber nachgelagerten Informationsfluss zwischen Krankenhaus und ambulant-niedergelassenem Sektor beziehen. Diese Ärzte werden zu verwertende Informationen von ihren Patienten bzw. deren Angehörigen über den Krankenhausaufenthalt entweder gezielt oder aber beiläufig aus den regelmäßigen Arzt-Patienten-Kontakten (bzw. Arzt-Angehörigen-Kontakten) erhalten.[6] Hier können wertvolle Informationsquellen für mögliche Prozess- oder aber Ergebnisverbesserungen liegen.

Über ein derart gehobenes Innovationspotenzial hinaus können Krankenhäuser derart einweisende Ärztinnen und Ärzte noch aktiver in den Leistungserstellungsprozess einbeziehen und ein Beziehungsmanagement aufbauen. Das ‚Einbezogenwerden‘ dieser niedergelassenen Ärztinnen und Ärzte könnte als Mehrwertleistung verstanden werden und damit in eine große Wertschätzung der Krankenhausleistungen über den eigentlichen medizinisch-pflegerischen Therapieprozess hinaus münden. Hier liegen besondere Chancen, einerseits im Sinne eines Beziehungs-/Zuweisermanagements langfristige Kooperationen aufzubauen und andererseits eine kollektive Leistungs- und Wissensgenerierung – ggf. auch intersektoral organisiert im Sinne eines innovativen Versorgungsmanagements[7] – zu etablieren, die sich nicht nur als Innovationsquelle sondern ggf. auch erlössichernd auf die Krankenhäuser auswirken können.[8]

Discrete-Choice-Modellen können Patientenpräferenzen analysiert und der patientenseitige Zusatznutzen von Produkten, Dienstleistungen oder innovativen Technologien nachgewiesen werden.", vgl. Mühlbacher et al. (2013), S. 172 ff.

[6] Vgl. Meyer und Löwe (2010) S. 19 ff.

[7] Vgl. Amelung (2007) sowie Hartweg (2007).

[8] Zu den Möglichkeiten krankenhausbezogener Kooperationen zur Generierung von Innovationen und Steigerung der Wettbewerbsfähigkeit vgl. Quante (2006) S. 50 ff. sowie Jörres (2007). Grenzen von neuen und z. T. „kreativen" Kooperationen zur Erlösoptimierung bestehen selbstverständlich in den gesetzlichen Rahmenbedingungen des Sozial- und Strafrechts.

3.1.3 Kostenträger als Anspruchsgruppe

Über diese beiden Anspruchsgruppen hinaus können sicherlich auch noch weitere Anspruchsgruppen mit in die externe Ideengenerierung einbezogen werden. Gehört es in der Realgüterwirtschaft schon seit Jahren zum Standard, Vorlieferanten auch bei Forschungs- und Entwicklungsfragen mit in den Wertschöpfungsprozess einzubeziehen, so sind solche Kooperationen sicherlich auch für Krankenhausträger zu diskutieren. Über medizin-technische oder aber medizinisch-pflegerische Vorleistungen hinaus können derart, sicherlich auch Prozesse rund um die Verpflegungs- oder aber Hotelleistungen mit in ein ggf. zu verbesserndes Leistungsbündel einbezogen werden.[9]

Über die Lieferanten sind hier auch Kostenträger als Treiber von Innovationen und Ideen zu nennen. Das Interesse von Kostenträgern an Verbesserungen der krankenhausinternen Leistungsprozesse sollte dabei nicht unterschätzt werden. Durchaus denkbar ist, dass auch die von Patientinnen/Patienten bzw. deren Angehörigen erhaltenen Hinweise zu möglichen Verbesserungspotenziale nicht direkt an das Krankenhaus sondern indirekt über die Kostenträger an die Träger herangetragen werden. Somit könnten sicherlich auch Krankenversicherungen wertvolle Informationen für Krankenhäuser vorhalten, die krankenhausinterne Prozessinnovationen[10] und damit eine verbesserte Leistungserstellung vorantreiben können.

3.2 Umsetzungsoptionen für Krankenhäuser

Nach dieser Betrachtung der relevanten Anspruchsgruppen sollen die der Literatur entnommenen Umsetzungsmöglichkeiten entsprechender Open Innovation-Ansätze auf Krankenhäuser übertragen werden. Es gilt, die Anspruchsgruppen mit offenen Mechanismen zur Innovationsgenerierung nach relevanten Nachfrage- und/oder Marktinformationen zu befragen, um so in den meist regional ausgeprägten Märkten Wettbewerbsvorteile zu erzielen.[11] Dabei ist zu beachten, dass über die

---

So hat nicht zuletzt Bussmann (2012) aufgezeigt, dass es nicht nur einen umfangreichen Graubereich von Kooperationen im deutschen Gesundheitswesen gibt, sondern darüber hinaus erhebliche Ressourcen durch nicht institutionenkonforme Kooperationen in Form einer „Zuweisung gegen Entgelt" zweckentfremdet werden, vgl. Bussmann (2012).

[9] Vgl. Hentze und Kehres (2010) S. 121 ff.

[10] Eine Übersicht über die positiven Effekte von Prozessinnovationen hält Piening bereit, vgl. (2010) S. 45. bzw. vgl. zudem Schrödel (2010) S. 91 ff.

[11] Vgl. Ihlenburg (2012) S. 11 f.

genannten Möglichkeiten hinaus sicherlich noch weitere Optionen diskutiert werden können.

3.2.1 Ideenwettbewerbe

Krankenhäuser können das Instrument eines Ideenwettbewerbs, das sich nicht nur an externe Adressaten sondern ggf. auch an interne Anspruchsgruppen (insbesondere Mitarbeiter) richtet, direkt umsetzen. Solche Wettbewerbe werden einen Beitrag leisten, neue Ideen zu generieren, die dann ggf. in Prozess- und/oder aber Produktinnovationen[12] aufgehen können. In solchen Ideenwettbewerben, die in Anlehnung an die Regeln eines Betrieblichen Vorschlagswesens zu organisieren wären, können zudem Prämien ausgelobt werden, um nachhaltige Anreize zu setzen und ggf. besonders gute Vorschläge und Ideen zu belohnen.

Die Jury solcher Ideenwettbewerbe sollte über die Grenzen eines Krankenhauses bzw. des Krankenhausträgers hinaus besetzt werden. Dies hätte den Vorteil, dass sich ein ggf. über längere Zeiträume bereits organisationsintern manifestiertes ‚Scheuklappendenken‘ vermeiden lässt. Derart kann nach Außen eine große Offenheit für Innovationen dargestellt werden. Solche Ideenwettbewerbe werden zudem das Potenzial haben, diese auch medien- und damit öffentlichkeitswirksam zu begleiten, so dass das Krankenhaus in der Region seiner Geschäftsaktivität ggf. aber auch darüber hinaus eine besondere Wahrnehmung erhalten kann. Aus den erweiterten Möglichkeiten eines solchen Ideenwettbewerbs gehen demnach besondere Chancen hervor.

3.2.2 Interaktionsplattformen

Mittels (internetbasierter) Interaktionsplattformen kann eine Einbeziehung von Anspruchsgruppen in großer Anzahl und zu niedrigeren Transaktionskosten organisiert werden. Entsprechende Interaktionsplattformen[13] führen zu einem dyna-

---

[12] Vgl. Tintelnot (2013) S. 8 ff.

[13] Exemplarisch für inzwischen auch im (deutschen) Gesundheitswesen immer besser akzeptierte und häufiger umgesetzte Plattformen seien die sog. CIR-Systeme erwähnt. Mithilfe dieser Systeme („Critical-Incident-Reporting-System") sollen als Beitrag zum Fehler- und Risikomanagement alle „Beinahe-Unfälle" erfasst und sorgfältig analysiert werden, um daraus Empfehlungen bzw. Maßnahmen zur Vermeidung von Unfällen abzuleiten. Interaktionsplattformen leisten hier einen nicht zu unterschätzenden Beitrag, indem sie die Möglichkeit einer anonymen Meldung von Beinahe-Unfällen ermöglichen und damit Beteiligte vor befürchteten Sanktionen schützen. Vgl. Hart (2012) S. 1 ff.

mischen Informationsaustausch und können als frei zugängliche, virtuelle Räume verstanden werden. Diese Räume werden umgangssprachlich auch als Foren bezeichnet.

Den Beteiligten stehen verschiedene Dienste, mit denen unterschiedliche Zielsetzungen (Informations- und Lernfunktion, Beschwerde- und Bewertungstool über die Leistungsbündel, Funktion zur Erlangung regelmäßiger Informationsflüsse, Strukturierung von Austauschbeziehungen, usw.) verfolgt werden können, zur Verfügung.[14] Im Rahmen der elektronischen Datenverarbeitung wird die Zusammenführung solcher Dienste auch als ,tool kit' bezeichnet, wenn diese wiederum mit einer Rückkopplung in den virtuellen Raum hinein versehen sind und damit zu Prozess- und Produktverbesserungen führen.[15] Hier können Unternehmen/Organisationen eine große Anzahl von Endverbrauchern auch über den eigentlich regionalen Versorgungsraum bspw. über die Möglichkeiten der Sozialen Medien (social media) ansprechen und einbeziehen, um diesen eine aktive Teilhabe an Verbesserungen der Leistungsbündel zu ermöglichen. Die daraus erwachsende Form der häufig ohne Bezahlung stattfindenden, gemeinschaftlichen Ideensammlung für Produkt-/Prozessverbesserungen ist auch mit dem bereits zuvor eingeführten Begriff ,Crowdsourcing' im Sinne einer solchen, kollektiven Wissenssammlung zu versehen.[16]

3.2.3 Workshops

Aus der Softwareindustrie sind Workshops mit (Haupt-)Anspruchsgruppen bekannt. Ähnliche Arbeitstreffen können auch für ausgesuchte Anspruchsgruppen eines Krankenhauses organisiert werden, um die angebotenen Leistungsbündel eines Krankenhauses ggf. nachdrücklichen Verbesserungen zuzuführen. Dies kann in Form eines Marktplatzes für den Informationsaustausch und die Ideensammlung erfolgen, wie sie bspw. aus der Wirtschaftsinformatik bekannt ist.[17] Eine der Herausforderungen solcher Workshops wird dabei sicherlich sein, hinreichend sachkundige Anspruchsgruppen für die akutstationäre Versorgung zu definieren. Dies könnten einerseits sorgfältig ausgesuchte Patientengruppen und deren Angehörige bspw. der umsatzstärksten, bettenführenden Abteilungen und eventuell aber auch die dahinter stehenden Kostenträger sein, andererseits können auch zuweisende Ärzte für solche Arbeitstreffen wertvolle Ansprechpartner sein.

---

[14] Vgl. Ihlenburg (2012) S. 16 ff.

[15] Vgl. Tintelnot (2013) S. 8 ff.

[16] Vgl. Büttgen (2009) S. 143 ff.

[17] Vgl. Soukhoroukova und Spann (2006).

Kritischer Ausblick und Fazit 4

Für die zukünftige Entwicklung kann festgehalten werden, dass bundesdeutsche Krankenhäuser mit einer denkbaren, zukünftigen Berücksichtigung von Open Innovation-Ansätzen erweiterte Möglichkeiten erhalten, eine Ideengenerierung über die Unternehmensgrenzen des Krankenhauses hinaus zu organisieren. Dieser Ansatz erfordert eine größere Offenheit und Transparenz gegenüber externen Anspruchsgruppen, was nicht unbedingt ausschließlich positiv diskutiert werden kann. Allerdings helfen diese Ansätze auch dabei, ein außerhalb des Krankenhaues liegendes Expertenwissen zu heben, was sicherlich positiv zu bewerten ist. Nicht nur Patientinnen/Patienten und deren Angehörige, sondern auch die in vielen Fällen schon von Gesetzes wegen hinter diesen Gruppen stehenden Kostenträger (gesetzliche und private Krankenversicherungen), die nicht selten als Ansprechpartner ihrer Kunden fungieren, werden neben den zuweisenden Ärztinnen und Ärzten in den Fokus entsprechender Bemühungen rücken. In wie weit dabei die im Rahmen dieses Beitrags diskutierten Methoden zur Ideenerzeugung (Ideenwettbewerb, Interaktionsplattform oder aber Workshops bis hin zum ‚Crowdsourcing') zum Einsatz kommen, oder ob darüber hinaus die Krankenhäuser, einzelne Träger oder aber die Krankenhausbranche eigene Ansätze zur Generierung von Innovationen hervorbringen wird, bleibt abzuwarten. Abbildung 4.1 soll die aufgeworfenen Gedanken noch einmal in einer morphologischen Darstellung zusammenführen.

Sicherlich können noch weitere Anspruchsgruppen oder aber weitere Methoden zur Ideengenerierung ersonnen werden, um die hier angerissene Palette von Möglichkeiten zu vervollständigen. Eventuell bietet es sich zudem an, für spezielle Anspruchsgruppen (bei der späteren Umsetzung eines Open Innovation-Ansatzes ausschließlich) ausgesuchte Methoden anzuwenden, während vielleicht ein ande-

© Springer Fachmedien Wiesbaden 2015
H.-R. Hartweg et al., *Verbesserung der Performance durch Open Innovation-Ansätze,* essentials, DOI 10.1007/978-3-658-07657-3_4

Kombinationen von Open Innovation-Ansätzen und Anspruchsgruppen		Anspruchsgruppen			
		Patientinnen/ Patienten sowie deren Angehörige	Zuweisende Ärzte	Kostenträger	… weitere …
Methoden zur Generierung neuer Ideen außerhalb der Organisationsgrenzen	Ideenwettbewerbe				
	Interaktionsplattformen				
	Workshops				
	… weitere …				

Abb. 4.1 Kombinationen von Open Innovation-Ansätzen und Anspruchsgruppen. (Quelle: eigene Darstellung)

rer Ansatz realiter ‚nur' einer anderen Anspruchsgruppe vorbehalten bleibt. Hier tut sich ein interessantes Feld für zukünftige, anwendungsbezogene Forschungsfragen auf.

Abschließend kann konstatiert werden, dass auch außerhalb des eigentlichen Leistungserstellungsprozesses eines Krankenhauses wertvolle Wissensressourcen ruhen, die es zu heben gilt. Wird ein derart schlummerndes ‚Wissen des Kunden' geweckt und gehoben, kann dies der Ursprung von Produkt- oder Prozessinnovationen sein. Das Schöpfen aus einer solchen Quelle verspricht, das gesamtunternehmerische Ziel des Krankenhauses zu unterstützen und damit die Performance langfristig zu steigern. Gelingt dies, werden nicht nur Verbesserungen in einzelnen Prozess- sondern darüber hinaus auch in damit korrelierenden Ergebnisdimensionen gelingen, die wiederum mit Differenzierungsvorteilen in einem sich zunehmend entwickelnden Wettbewerb innerhalb der Krankenhauslandschaft einhergehen werden. Zu antizipieren ist dabei auch, dass die bereits von vielen externen Anspruchsgruppen genutzten Vernetzungsmöglichkeiten der Social Media[1] – ähnlich wie in anderen Branchen – solche Entwicklungen zusätzlich vorantreiben werden.

---

[1] Vgl. Derksen et al. (2013), S. 203 ff.

Literatur

Amelung, V. E. (2007). *Managed Care – Neue Wege im Gesundheitsmanagement*. Wiesbaden: Gabler.

Amshoff, B. (2010). Medizinische Innovation und ihre Auswirkungen. In H. Rebscher & S. Kaufmann (Hrsg.), *Innovationsmanagement in Gesundheitssystemen* (S. 45–71). Heidelberg: medhochzwei.

Bialk, A. M. (2006). *Die Messung des Innovationsgrades von Dienstleistungen – Erstellung und Überprüfung eines Messmodells am Beispiel des Gesundheitswesens*. Hamburg: Dr. Kovac.

Blohm, I. (2013). *Open Innovation Communities*. Wiesbaden: Springer Gabler.

Braun, A., Eppinger, E., Vladova, G., & Adelhelm, S. (2012). *Open Innovation in Life Science. Konzepte und Methoden offener Innovationprozesse im Pharma-Mittelstand*. Wiesbaden: Gabler.

Burger, S. (2010). Rationalisierung, Rationierung oder Priorisierung – was kann und soll Innovationsbewertung leisten? In H. Rebscher & S. Kaufmann (Hrsg.), *Innovationsmanagement in Gesundheitssystemen* (S. 19–44). Heidelberg: medhochzwei.

Bussmann, K. D. (2012). *Unzulässige Zusammenarbeit im Gesundheitswesen durch „Zuweisung gegen Entgelt". Ergebnisse einer empirischen Studie im Auftrag des GKV-Spitzenverbandes*. Berlin: September.

Cassel, D. (2011). Arzneimittel-Innovationen im Visier der Kostendämpfungspolitik. *Das AMNOG: Seine Chancen, Risken und Nebenwirkungen. G + G Gesundheit und Gesellschaft, 11*(1), 15–24.

Chesbrough, H. W. (2003). *Open innovation: The new imperative for creating and profiting from technology, 1. Title*. Boston: Harvard Business School Press.

Crojetovic, M., Gütschow, S., Krüger, C., Stender, T., & Elkeles, T. (2014). *Veränderungspotentiale in Krankenhausorganisationen – Formalität und Informalität in nordostdeutschen Krankenhäusern*. Gießen: Psychosozial-Verlag.

Derksen, K., Hartweg, H. R., & Bongard, N. (2013). Direkter Draht. *f & w – führen und wirtschaften im krankenhaus, 203–205*. (Melsungen: Bibliomed).

© Springer Fachmedien Wiesbaden 2015
H.-R. Hartweg et al., *Verbesserung der Performance durch Open Innovation-Ansätze*, essentials, DOI 10.1007/978-3-658-07657-3

Deutscher, Ethikrat. (27. Januar 2011). Nutzen und Kosten im Gesundheitswesen – Zur normativen Funktion ihrer Bewertung. Berlin.

Ehlers, A., Ebermann, T., & Heinemann, A. K. (2008). Der Arzt von morgen: Manager oder Medicus? In F. Merz (Hrsg.), *Wachstumsmotor Gesundheit* (S. 213–227). München: Hanser.

Engel, K., & Nippa, M. (2007). *Innovationsmanagement – Von der Idee zum erfolgreichen Produkt* (1. Aufl.). Heidelberg: Physica.

Faber, M. J. (2008). *Open Innovation: Ansätze, Strategien, Geschäftsmodelle* (1. Aufl.). Wiesbaden: Gabler.

Fischer, M. G. (2010). Medizinische Innovationen im Leistungsspektrum der Gesetzlichen Krankenversicherung. In M. G. Fischer & S. Meyer (Hrsg.), *Gesundheit und Wirtschaftswachstum* (S. 97–118). Heidelberg: Springer.

Fogel, R. W. (2004). *The escape from hunger and premature death, 1700–2100*. Cambridge: Cambridge University Press.

Foos, V., Repschläger, U., & Riedel, R. (2010). Gutachten zu Kosten-Nutzen-Bewertungsverfahren (KNB) für Arzneimittel in Deutschland und im internationalen Vergleich, Rheinische fachhochschule Köln, Institut für Medizinökonomie & Medizinische Versorgungsforschung, Köln.

Goepfert, A., & Conrad, C. B. (2013). *Unternehmen Krankenhaus*. Stuttgart: Thieme.

Granig, P., & Nefiodow, L. A. (2011). *Gesundheitswirtschaft – Wachstumsmotor im 21. Jahrhundert. Mit „gesunden" Innovationen neue Wege aus der Krise gehen* (1. Aufl.). Wiesbaden: Gabler.

Granig, P., & Paerusch, S. (2012). *Innovationsmanagement im Krankenhaus – Identifikation, Bewertung und Strategien*. Wiesbaden: Springer.

Hart, D. (2012). Patientensicherheit, Fehlermanagement, Arzthaftungsrecht – zugleich ein Beitrag zur rechtlichen Bedeutung von Empfehlungen. *Medizinrecht, 30*(1), 1–15. (Berlin: Springer).

Hartweg, H. R. (2007). *Die Entwicklung der Integrierten Versorgung*. Berlin: LIT.

Hentze, J., & Kehres, E. (2010). *Kosten- und Leistungsrechnung in Krankenhäusern: systematische Einführung*. Stuttgart: Kohlhammer.

Hess, R. (2010). Institutionelle und methodische Fragen bei den Entscheidungsprozessen zum Leistungsrahmen – Deutschland. In H. Rebscher & S. Kaufmann (Hrsg.), *Innovationsmanagement in Gesundheitssystemen* (S. 125–138). Heidelberg: medhochzwei.

Hoppe, J. D. (2008). Mit der Gesundheitsreform zur Zwei-Klassen-Medizin. In F. Merz (Hrsg.), *Wachstumsmotor Gesundheit* (S. 181–210). München: Hanser.

Howaldt, J., Klatt, R., & Kopp, R. (2004). *Neuorientierung des Wissensmanagements: Paradoxien und Dysfunktionalitäten im Umgang mit der Ressource Wissen*. Wiesbaden: Deutscher Universitäts-Verlag.

Ihlenburg, D. (2012). *Interaktionsplattformen und Kundenintegration in Industriegütermärkten*. Wiesbaden: Gabler.

Jörres, T. (2007). *Kooperation als Ansatz zur Steigerung der Wettbewerbsfähigkeit von Krankenhäusern in Deutschland*. Norderstedt: GRIN Verlag.

Koschatzky, K. (2013). Regionale Infrastruktur und Strategien des Innovationstransfers. In C. Tintelnot, D. Meißner, & I. Steinmeier (Hrsg.), *Innovationsmanagement* (S. 32–38). Heidelberg: Springer.

Kozinets, R., Hemetsberger, A., & Schau, H. J. (2008). The wisdom of consumer crowds: Collective innovation in the age of networked marketing. *Journal of Macromarketing, 28,* 339–354. (New York: Sage Publications).

Kreyher, V. J. (2001). *Handbuch Gesundheits- und Medizinmarketing. Chancen, Strategien und Erfolgsfaktoren.* Heidelberg: Decker's.

Lauterbach, K. W., & Lüngen, M. (2008). Die Versorgung mit Geldleistungen und ihre Finanzierung – Optionen für Gerechtigkeit. In F. Merz, (Hrsg.), *Wachstumsmotor Gesundheit* (S. 148–180). München: Hanser.

Lohmann, H., & Rippmann, K. (2010). Medizin im Zentrum des Wettbewerbs: Systempartnerschaften in der Gesundheitswirtschaft. In H. Lohmann & K. U. Preusker (Hrsg.), *Geschäftsmodell Systempartnerschaften: Die Digitale Industrialisierung der Medizin* (S. 1–6). Heidelberg: Economica.

Mann, F. (2009). Die Diffusionstheorie. In M. Schwaiger & A. Meyer (Hrsg.), *Theorien und Methoden der Betriebswirtschaft* (S. 97–114). Heidelberg: Vahlen.

Meffert, H., & Bruhn, M. (2012). *Dienstleistungsmarketing: Grundlagen – Konzepte – Methoden* (7. Aufl.). Wiesbaden: Springer Gabler.

Meyer, B., & Löwe, B. (2010). Dimensionen der Arzt- Patient-Kommunikation in der modernen Medizin. In H. C. Deter, (Hrsg.), *Die Arzt-Patienten-Beziehung in der modernen Medizin* (S. 19–34). Göttingen: Vandenhoeck & Ruprecht.

Moeser, G., & Ecker, C. (2013). Indirekte Vergleiche in der frühen Nutzenbewertung in Deutschland – eine Bestandsaufnahme. *Gesundheitsökonomie und Qualitätsmanagement, 18*(5), 235–243. (Stuttgart: Thieme).

Mühlbacher, A., Bethge, S., Ekert, S., Tockhorn, A., & Nübling, M. (2008). Der Wert von Innovationen im Gesundheitswesen: Spielen die Patientenpräferenzen eine Rolle? Recht und Politik im Gesundheitswesen. *Gesellschaft für Recht und Politik im Gesundheitswesen e. V. (GRPG), 14*(2), 53–62. (München).

Mühlbacher, A., Bethge, S., & Tockhorn, A. (2013). Präferenzmessung im Gesundheitswesen: Grundlagen von Discrete-Choice-Experimenten. *Gesundheitsökonomie und Qualitätsmanagement, 18*(4), 159–172. (Stuttgart: Thieme).

Oberender, P., & Zerth, J. (2008). Der Gesundheitsmarkt als Wirtschaftsfaktor. In F. Merz (Hrsg.), *Wachstumsmotor Gesundheit* (S. 11–28). München: Hanser.

Piening, E. P. (2010). *Prozessdynamiken bei der Implementierung von Innovationen.* Wiesbaden: Gabler.

Quante, S. (2006). Von der "Insel" zum Netzwerk – Kooperation als Wettbewerbsstrategie. In F. Debatin, M. Goyen, & C. Schmitz (Hrsg.), *Zukunft Krankenhaus – Überleben durch Innovation* (S. 50–69). Berlin: ABW Wissenschaftsverlag.

Rebscher, H. (2008). Die Zukunft der gesetzlichen Krankenkassen. In F. Merz (Hrsg.), *Wachstumsmotor Gesundheit* (S. 327–348). München: Hanser.

Rebscher, H., & Kaufmann, S. (2010). *Innovationsmanagement in Gesundheitssystemen* (Bd. 2). Heidelberg: medhochzwei Verlag.

Reichwald, R., & Piller, F. (2009). *Interaktive Wertschöpfung. Open Innovation, Individualisierung und neue Formen der Arbeitsteilung* (2. Aufl.). Wiesbaden: Gabler.

Ritter, T. (1998). *Innovationserfolg durch Netzwerk-Kompetenz: Effektives Management von Unternehmensnetzwerken.* Wiesbaden: Springer.

Rixen, S. (2010). Rationierungen im Leistungsrecht. In M. G. Fischer & S. Meyer (Hrsg.), *Gesundheit und Wirtschaftswachstum* (S. 51–61). Heidelberg: Springer.

Sattelmeier, J., Prenzler, A., & Frank, M. (2013).Das Arzneimittelmarktneuordnungsgesetz (AMNOG) in der Praxis – erste Erfahrungen, Kritikpunkte und Weiterentwicklungsmöglichkeiten. *Gesundheitsökonomie und Qualitätsmanagement, 18*(5), 213–220.

Schedler, K., & Collm, A. (2. Dezember 2011). Wie die Verwaltung ihre Grenzen öffnet, IMPacts, Universität St. Gallen, St. Gallen, S. 19–21.

Schimmelpfeng-Schütte, R. (2010). Medizinische Innovationen im Leistungsspektrum der Gesetzlichen Krankenversicherung. In M. G. Fischer & S. Meyer (Hrsg.), *Gesundheit und Wirtschaftswachstum* (S. 63–73). Heidelberg: Springer.

Schrödel, R. (2010). Vom Zulieferer zum Partner. In H. Lohmann & K. U. Preusker (Hrsg.), *Geschäftsmodell Systempartnerschaften: Die Digitale Industrialisierung der Medizin* (S. 91–102). Heidelberg: Economica.

Schulenburg, J. M. (2013).Graf von der Das AMNOG: Arme Monetarisierung Neuer Optionen in der Gesundheitsversorgung. *Gesundheitsökonomie und Qualitätsmanagement, 18*(5), 210–212. (Stuttgart: Thieme).

Schultz, C., Zippel-Schultz, B., Salomo, S., & Gemünden, H. G. (2011). *Innnovationen im Krankenhaus sind machbar!* Stuttgart: Kohlhammer.

Siegrist, J. (2005). *Medizinische Soziologie* (6. Aufl.). München: Elsevier.

Soukhoroukova, A., & Spann, M. (2006). Informationsmärkte. *Wirtschaftsinformatik, 48*(1), 61–64. (Wiesbaden: Gabler).

Strehlau, H., & Fiebig, M. (2010). Das Krankenhaus als Nukleus von Versorgungsketten. In H. Lohmann & K. U. Preusker (Hrsg.), *Geschäftsmodell Systempartnerschaften: Die Digitale Industrialisierung der Medizin* (S. 47–58). Heidelberg: Economica.

Stuppard, R. (2010). Innovationsförderung durch politische Reformprozesse – die deutsche Perspektive. In H. Rebscher & S. Kaufmann (Hrsg.), *Innovationsmanagement in Gesundheitssystemen* (S. 95–122). Heidelberg: medhochzwei.

Taubert N. C. (2006). *Produktive Anarchie?* Bielefeld: transcript.

Tintelnot, C. (2013). Einführung in das Innovationsmanagement. In C. Tintelnot, D. Meißner, & I. Steinmeier (Hrsg.), *Innovationsmanagement* (S. 1–12). Berlin: Springer.

Walcher, D. (2007). *Der Ideenwettbewerb als Methode der aktiven Kundenintegration* (1. Aufl.). Berlin: Springer.

Walcher, D. (2009). Der Ideenwettbewerb als Methode der Open Innovation: Entwicklung eines externen Vorschlagswesens zur Integration von Kunden in den Innovationsprozess. In A. Zerfaß & K. M. Möslein (Hrsg.), *Kommunikation als Erfolgsfaktor im Innovationsmanagement: Strategien im Zeitalter der Open Innovation* (S. 141–158). Wiesbaden: Gabler.

Witte, J., & Greiner, W. (2013). Problembefunde der Quantifizierung des Zusatznutzens im Rahmen der frühen Arzneimittelnutzenbewertung. *Gesundheitsökonomie und Qualitätsmanagement, 18*(5), 226–234. (Stuttgart: Thieme).

Wolk, N. T. (2009). *Marketingtechniken für Entrepreneure.* Mering: R. Hampp.

Zerfaß, A., & Möslein, K. M. (2009). *Kommunikation als Erfolgsfaktor im Innovationsmanagement. Strategie im Zeitalter der Open Innovation* (1. Aufl.). Wiesbaden: Gabler.

Ziehe, M. (2009). *Innovative Finanzierungsinstrumente im Krankenhaus.* Frankfurt a. M.: Peter Lang.